Erdbeere & Rhabarber

Rezepte und Fotos: Karl Newedel

»Feine Aromen lecker serviert«

Wer liebt sie nicht, die kleinen roten Beeren, die ab Juni so verlockend auf Beeten und Feldern leuchten? Hat man keinen eigenen Garten, so kann man kaum der Versuchung widerstehen, sich auf den Weg zum Selberpflücken auf einem der vielen Erdbeerfelder zu machen. Denn frisch geerntet schmecken die Beeren am besten. Und dann heißt es: Nur nicht zu kalt aufbewahren, damit ihr zartes Aroma nicht verloren geht – am besten gleich vernaschen. Erdbeeren sind wahre Vitamin-C-Bomben, enthalten viel Folsäure und B-Vitamine – das ist Gesundheit mit wunderbarem Geschmack.

Wer das Erdbeeraroma noch vervollkommnen möchte, paart sie mit frisch geschlagener Sahne, Eiscreme oder mit zartem Biskuitteig für eine prächtige Torte – der Inbegriff für einen perfekten Sommertag. Dabei nicht vergessen: Die Beeren sind sehr empfindlich und sollten am besten in stehendem Wasser vorsichtig gewaschen werden. Den Stielansatz erst danach entfernen, damit das feine Aroma nicht leidet.

Fruchtig-säuerlicher Rhabarber ist der ideale Partner für Erdbeeren. Seine Erntezeit beginnt schon Ende April und endet am 24. Juni – am Johannitag. Rhabarber besteht zu 95 Prozent aus Wasser, ist sehr kalorienarm und bestens geeignet, den Stoffwechsel im Frühjahr auf Trab zu bringen.

Rhabarber zeichnet sich durch ein großes Aromenspektrum und durch seine erfrischende Wirkung aus. Auf dem Markt werden drei Sorten angeboten. Am sauersten ist die grünstielige Sorte mit grünem Fleisch. Etwas weniger sauer ist die rotstielige Sorte mit grünem Fleisch. Und am mildesten und damit auch am beliebtesten ist rotstieliger Rhabarber mit rotem Fleisch – dessen Aroma erinnert fast an Himbeeren.

Rhabarber harmonisiert nahezu perfekt mit allem Süßen. Von Teigtäschchen über Kuchen, Tartes, Torten bis hin zu süßer Reiscreme – all das verträgt sich wunderbar mit Rhabarber. Was nicht heißt, dass er sich nicht auch für herzhafte Gerichte eignet. Ganz im Gegenteil! Lassen Sie sich von den Rezepten in diesem Buch inspirieren und entdecken Sie ganz neue Rhabarberkompositionen.

Erdb

knallrotes i-Tüpfelchen

unwiderstehlich

kinderlieb

aphrodisierend

lieben Schlagsahne

können auch pikant

lecker

Teig

* 200 g Butter
* 150 g Zucker
* 4 Eier
* 350 g Mehl
* 1 Päckchen Vanillepuddingpulver
* 1 TL abgeriebene Zitronenschale
* 1 Päckchen Backpulver
* 1 Prise Salz

Belag

* 4 Blatt weiße Gelatine
* 1 kg Erdbeeren
* 4 EL Zucker
* 400 g Sahne
* 1 Päckchen Vanillezucker
* 3 EL gehackte Pistazien

Außerdem

* Fett für das Blech

Sahnige Erdbeerschnitten

🕐 45 Minuten ∗ Back- und Kühlzeit: 80 Minuten ∗ 8 Portionen

1 Den Backofen auf 180 °C (Umluft 160 °C) vorheizen. Ein Backblech einfetten. Die Butter zerlassen. In eine Rührschüssel geben, den Zucker hinzufügen und die Schüssel in ein warmes Wasserbad stellen. Mit dem Mixer weiß-cremig aufschlagen, bis sich der Zucker gelöst hat. Dann die Eier einzeln unterschlagen.

2 Die Schüssel aus dem Wasserbad nehmen. Mehl mit Puddingpulver, Zitronenschale, Backpulver und Salz mischen, zur Eiercreme geben und glatt verrühren. Den Teig aufs Backblech streichen und im vorgeheizten Backofen (Mitte) ca. 20 Minuten backen. Vollständig abkühlen lassen.

3 Die Gelatine 5 Minuten in kaltem Wasser einweichen. Die Erdbeeren putzen. 700 g Erdbeeren mit dem Zucker pürieren. 450 g Erdbeerpüree in eine Schüssel geben. Die Gelatine leicht ausdrücken und bei milder Hitze in einem Topf unter Rühren auflösen. Etwa 4 EL vom Erdbeerpüree esslöffelweise unter die Gelatine rühren, dann die Gelatinemischung mit einem Schneebesen unter das übrige Püree rühren. Abgedeckt kalt stellen. Wenn das Püree zu gelieren beginnt, die Sahne mit Vanillezucker steif schlagen und unterheben.

4 Halbierte Erdbeeren auf dem Teigboden verteilen. Die Creme darauf glatt verstreichen. 1 Stunde kalt stellen, mit Erdbeeren, Püree und Pistazien dekorieren.

- ✳ 500 g Erdbeeren
- ✳ 6 Blatt weiße Gelatine
- ✳ 3 Eier
- ✳ 100 g Zucker
- ✳ 150 ml Weißwein
- ✳ 2–3 TL Zucker
- ✳ 2–3 EL Weinbrand (oder Wasser)
- ✳ 15 Löffelbiskuits
- ✳ 1 Prise Salz
- ✳ 200 g Sahne
- ✳ 1 Päckchen Vanillezucker

Außerdem
- ✳ 1 Schüssel (1,2 l Inhalt)
- ✳ Öl für die Schüssel

Erdbeercharlotte

🕐 80 Minuten ✳ Kühlzeit: 6 Stunden ✳ 8 Portionen

1 300 g Erdbeeren pürieren und durch ein feines Sieb streichen. Die Gelatine 5 Minuten in kaltem Wasser einweichen. Die Eier trennen. Die Eigelbe mit 30 g Zucker und Wein schaumig schlagen, bis der Zucker gelöst ist.

2 Gelatine ausdrücken und in einem Topf bei schwacher Hitze unter Rühren auflösen, dann unter weiterem Rühren etwas abkühlen lassen. 4 EL der Eiercreme esslöffelweise unter die Gelatine rühren, dann die Gelatinemischung mit einem Schneebesen unter die übrige Creme rühren. Kalt stellen, bis die Masse zu gelieren beginnt.

3 Die Schüssel dünn mit Öl auspinseln und mit Frischhaltefolie auslegen. Den Zucker in 2–3 EL Weinbrand auflösen und die ungezuckerte Seite der Biskuits damit beträufeln. Einige Biskuits am Boden verteilen, die übrigen ringsum an den Rand der Schüssel stellen (gezuckerte Seite nach außen).

4 Wenn die Creme zu gelieren beginnt, Eiweiße mit Salz zu steifem Schnee schlagen, dabei nach und nach den restlichen Zucker zugeben. Sahne mit Vanillezucker steif schlagen. Beides mit dem Erdbeerpüree zur Creme geben und mit einem Schneebesen unterheben. Die Creme in die Schüssel füllen, die übrigen Erdbeeren in der Creme verteilen. Die Schüssel mit Frischhaltefolie abdecken und die Creme im Kühlschrank 5 Stunden fest werden lassen. Zum Servieren die Folie öffnen und die Charlotte auf eine Platte stürzen.

13

Boden

* 120 g Cornflakes
* 150 g weiße Kuvertüre
* 20 g Butter
* 50 g Kokosraspel
* 1 Prise Salz

Belag

* 600 g Erdbeeren
* 2 TL Puderzucker

* 1 Bio-Zitrone
* 250 g Magerquark
* 1 kleine Dose Kokosmilch (400 g)
* 150 g Kokosraspel
* 80 g Zucker
* 5 Blatt weiße Gelatine
* 250 g Sahne

Außerdem

* 1 Springform (24 cm Durchmesser)
* Fett für die Form

Kokos-Erdbeer-Torte

🕐 70 Minuten ✳ Kühlzeit: 2 Stunden ✳ 8 Portionen

1 Springformboden einfetten, Cornflakes in einen Gefrierbeutel geben und mit einem Nudelholz fein zerkrümeln. Die Kuvertüre grob hacken und mit der Butter in einer Metallschüssel über einem warmen Wasserbad schmelzen. Die Schüssel vom Wasserbad nehmen. Kokosraspel, Salz und zerkleinerte Cornflakes hinzufügen, mischen. Die Cornflakesmischung auf den Boden der Form geben und mit einem Löffel andrücken, im Kühlschrank fest werden lassen.

2 500 g Erdbeeren halbieren. Die übrigen Erdbeeren mit Puderzucker pürieren und durch ein feines Sieb streichen, kühl stellen. Die Schale der Zitrone fein abreiben, 3 EL Saft auspressen. Den Quark mit Kokosmilch (3 EL davon abnehmen), Kokosraspeln (2 EL zurück behalten), Zucker, Zitronensaft und -schale verrühren. Die Gelatine 5 Minuten in kaltem Wasser einweichen.

3 Die übrige Kokosmilch erwärmen. Gelatine ausdrücken und unter Rühren darin auflösen. 4 EL Quarkmischung esslöffelweise unter die Gelatine rühren, dann die Gelatine zur übrigen Quarkmischung geben und mit einem Schneebesen unterrühren. Kalt stellen. Sobald die Masse zu gelieren beginnt, die Sahne steif schlagen und unterheben.

4 Erdbeeren auf dem Tortenboden verteilen, Quarkmasse darauf glatt streichen. Abgedeckt mindestens 2 Stunden kalt stellen. Mit Erdbeerpüree und Kokosraspeln dekorieren.

»Frische Erdbeer-Kokos-Creme auf **knusprigem** Boden – eine **verführerische** Kombination.«

»**Schokolade** und **Erdbeeren** bilden ein perfektes **Duett**.«

Biskuit

* 60 g dunkle Kuvertüre
* 3 Eier
* 70 g weicher Butter
* 1 Päckchen Vanillezucker
* 50 g Puderzucker
* 40 g Mehl
* 60 g gemahlene Mandeln

Creme

* 1 Päckchen Schokoladenpuddingpulver
* 400 ml Milch
* 50 g Zucker
* 60 g Zartbitterschokolade
* 50 g Butter

Belag

* 500 g Erdbeeren
* Puderzucker zum Bestäuben

Außerdem

* 1 Springform (24 cm Durchmesser)

Schokoladen-Erdbeer-Kuchen

🕐 50 Minuten * Back- und Kühlzeit: 3,5 Stunden * 12 Portionen

1 Den Backofen auf 180 °C (Umluft 160 °C) vorheizen. Die Kuvertüre hacken und im warmen Wasserbad schmelzen, etwas abkühlen lassen. Die Eier trennen. Eigelbe mit Butter, Vanillezucker und 1 EL Puderzucker weiß-schaumig schlagen. Die abgekühlte Kuvertüre langsam unterrühren.

2 Die Eiweiße mit dem restlichen Puderzucker steif schlagen und auf die Eigelbmasse geben. Das Mehl sieben, mit den gemahlenen Mandeln mischen, hinzugeben und mit einem Schneebesen alles locker unterheben. Die Springform mit Backpapier auslegen. Die Biskuitmasse einfüllen und glatt verstreichen, im vorgeheizten Backofen (Mitte) 35–40 Minuten backen. Den Tortenboden in der Form auf einem Kuchengitter auskühlen lassen.

3 Aus Puddingpulver, Milch und Zucker nach Packungsanleitung einen Pudding zubereiten und leicht abkühlen lassen. Die Schokolade grob hacken und mit der Butter unter den noch warmen Pudding rühren, bis eine Creme entstanden ist. Diese erkalten lassen, dabei gelegentlich umrühren, damit sich keine Haut bildet.

4 Den Tortenboden halbieren. Die untere Hälfte mit ca. ⅓ der Schokoladencreme bestreichen. Die obere Hälfte darauf setzen und mit der restlichen Creme überziehen. Gut durchkühlen lassen. Die Torte vor dem Servieren mit halbierten Erdbeeren belegen und mit Puderzucker bestäuben.

»Dies war die **Hochzeitstorte**
meiner Großeltern und jedes Jahr
zum Hochzeitstag **kam sie wieder auf den Tisch.**«

Teig
* 100 g weiche Butter
* 125 g Zucker
* 1 Prise Salz
* abgeriebene Schale von 1 Bio-Limette
* 4 Eigelbe
* 150 g Mehl
* ½ TL Backpulver
* 2 EL Milch

Baiser
* 4 sehr frische Eiweiße
* 200 g Zucker
* 100 g Mandelblättchen

Füllung
* 750 g Erdbeeren
* 500 g saure Sahne
* 75 g Puderzucker
* 8 Blatt weiße Gelatine
* Saft von 2 Limetten
* 500 g Sahne

Außerdem
* 1 Springform (26 cm Durchmesser)
* Fett für die Form

Himmlische Erdbeertorte

🕐 70 Minuten * Back- und Kühlzeit: 3,5 Stunden * 12 Portionen

1 Den Backofen auf 260 °C (Umluft 240 °C) vorheizen. Die Form einfetten. Die Butter weiß-schaumig schlagen. Zucker, Salz und Limettenschale dazu geben und schlagen, bis der Zucker gelöst ist. Eigelbe nach und nach unterrühren. Mehl mit Backpulver mischen und abwechselnd mit der Milch zur Eigelbmasse geben, gut unterrühren. Die Hälfte des Rührteiges in die Form füllen.

2 Die Eiweiße steif schlagen, den Zucker dabei einrieseln lassen. Auf höchster Stufe weiterschlagen, bis eine feste Masse entsteht. Die Hälfte der Baisermasse auf den Rührteig streichen und mit der Hälfte der Mandelblättchen bestreuen, ca. 20 Minuten backen. Übrigen Teig und Baisermasse ebenso verarbeiten. Die Böden auskühlen lassen.

3 Die Erdbeeren vierteln. Saure Sahne mit Puderzucker verrühren. Die Gelatine 5 Minuten in kaltem Wasser einweichen. Den Limettensaft leicht erwärmen und die tropfnasse Gelatine darin unter Rühren auflösen. 4 EL saure Sahne esslöffelweise unter die Gelatine rühren und dann die Mischung unter die übrige saure Sahne rühren, kalt stellen. Wenn die Masse zu gelieren beginnt, die Sahne steif schlagen und mit den Erdbeeren unterheben.

4 Einen Tortenring um einen der Böden legen. Die Füllung darauf verstreichen. Den zweiten Tortenboden mit dem Mandelbaiser nach oben darauf legen. Die Torte im Kühlschrank fest werden lassen.

Teig

* 125 g kalte Butter
* 70 g Puderzucker
* 1 Päckchen Vanillezucker
* 1 Prise Salz
* 1 Ei
* 250 g Mehl

Creme

* 6 sehr frische Eigelbe
* 100 g Zucker
* 40 g Mehl
* 20 g Speisestärke
* 1 Vanilleschote
* ½ l Milch
* 40 g Butter

Belag

* 400 g (Wald-)Erdbeeren
* 250 g Sahne

Außerdem

* 10 Tortelettförmchen (10 cm Durchmesser)
* Fett für die Förmchen
* getrocknete Hülsenfrüchte zum Blindbacken

Vanilletörtchen

🕐 40 Minuten ✳ Back- und Kühlzeit: ca. 3 Stunden ✳ 10 Torteletts

1 Die Butter in Flöckchen, Puderzucker, Vanillezucker, Salz und Ei vermengen. Das Mehl zugeben und mit den Händen alles zu einem glatten Teig verkneten. Das Mehl nur kurz einarbeiten und keinesfalls zu lange kneten. Den Teig 1 Stunde im Kühlschrank ruhen lassen.

2 Den Backofen auf 180 °C (Umluft 160 °C) vorheizen. Die Förmchen einfetten. Den Teig auf einer bemehlten Arbeitsfläche ca. 3 mm dünn ausrollen. Mit einem Förmchen 10 Teigkreise ausstechen. Den Teig in die Formen legen, leicht andrücken und mit einer Gabel mehrmals einstechen. Mit Backpapier und Hülsenfrüchten belegen und ca. 15 Minuten blindbacken, herausnehmen und abkühlen lassen.

3 Eigelbe mit Zucker weiß-cremig aufschlagen. Mehl und Speisestärke mischen, unterrühren. Die Vanilleschote längs aufschneiden. Die Milch mit der Vanilleschote aufkochen lassen. Den Topf vom Herd nehmen, die Schote entfernen.

4 Die heiße Milch unter Rühren langsam zur Eigelbmasse gießen. Die Masse in den Topf geben und unter ständigem Rühren sanft erhitzen. Sobald die Masse kocht, den Topf vom Herd nehmen. Die Butter unterrühren und in eine Schüssel geben. Die Creme im kalten Wasserbad abkühlen lassen, mit Frischhaltefolie bedecken und vollständig abkühlen lassen. Die Torteletts mit der Creme füllen, mit Erdbeeren belegen und mit geschlagener Sahne verzieren.

Teig

* 6 Eier
* 180 g Zucker
* 1 Päckchen Vanillezucker
* 2 TL abgeriebene Zitronen- schale
* 1 Prise Salz

* 180 g Mehl
* 60 g Speisestärke
* 1 TL Backpulver

Füllung

* 1 kg Erdbeeren
* 1,2 kg Sahne
* 3 EL Konfitüre (z. B. Erdbeere)

Außerdem

* 1 Springform (28 cm Durchmesser)
* Fett und Mehl für die Form

Tipp

✳ ✳ ✳ ✳ ✳ ✳ ✳ ✳ ✳ ✳ ✳ ✳ ✳ ✳

Eine gute Methode den Biskuit- boden zu teilen: Den Boden in gleichen Abständen ein-, aber nicht durchschneiden. Einen kräftigen Faden in die Rand- einschnitte legen, vorne kreu- zen und dann fest zuziehen.

✳ ✳ ✳ ✳ ✳ ✳ ✳ ✳ ✳ ✳ ✳ ✳ ✳ ✳

Omas Festtagstorte

🕐 50 Minuten ✳ Backzeit: 40 Minuten ✳ 12 Portionen

1 Den Backofen auf 180 °C (Umluft 160 °C) vorheizen. Die Formboden einfetten und mit Mehl bestäuben. Die Eier trennen. Eigelbe mit 6 EL kaltem Wasser schau- mig schlagen. Nach und nach ²⁄₃ des Zuckers und den Vanillezucker hinzufügen. Weiterschlagen, bis die Masse weiß-cremig und der Zucker gelöst ist. Die Zitro- nenschale unterrühren.

2 Eiweiße mit Salz steif schlagen. Den übrigen Zucker einrieseln lassen. Den Eischnee auf die Eigelbcreme geben. Mehl, Stärke und Backpulver mischen und darübersieben. Alles mit einem Schneebesen locker unterheben. Die Masse in die Form füllen. Ein kleines Schälchen mit Wasser in den Ofen stellen und den Biskuit ca. 40 Minuten backen, nach 10 Minuten auf 160 °C stellen. Den Kuchen in der Form kurz ausdampfen lassen, dann mit einem Messer vom Formrand lösen, auf ein Kuchengitter stürzen und auskühlen lassen.

3 12 Erdbeeren zum Verzieren zurückbehalten. Übrige Erdbeeren klein schneiden. Die Sahne steif schlagen. Den Tortenboden 3-mal durchschneiden. Den untersten Tortenboden mit Konfitüre bestreichen, ¹⁄₃ der Erdbeeren und ¼ der Sahne darauf verteilen. Mit den nächsten beiden Böden ebenso verfahren. Den oberen Boden auflegen und die Torte rundherum mit Sahne bestreichen. Mit der übrigen Sahne die Torte verzieren, die Erdbeeren darauf verteilen. 1 Stunde im Kühlschrank ruhen lassen.

Boden

* 150 g Zartbitterschokolade
* 20 g Butter
* 150 g Cornflakes

Belag

* 2 Bio-Orangen
* 120 g Zucker

* 500 g Erdbeeren
* 200 g Doppelrahmfrischkäse
* 250 g Quark (40 % Fett)
* 100 g Sahne
* 1 Päckchen Sahnesteif

Außerdem

* 1 Springform (26 cm Durchmesser)
* frische Minze und Borkenschokolade
  zum Garnieren (nach Belieben)

Knusprige Käsetorte aus dem Kühlschrank

🕐 40 Minuten * Kühlzeit: 1,5 Stunden * 12 Portionen

1 Den Boden der Form mit Backpapier auslegen. Die Schokolade grob hacken und zusammen mit der Butter in einem kleinen Topf schmelzen lassen. Die Cornflakes unterrühren. Die Masse auf dem Formboden glatt drücken. 30 Minuten im Kühlschrank fest werden lassen.

2 1 Orange waschen und trocken reiben. Die Schale in dünnen Streifen abschneiden und klein hacken. Dann die Orange filetieren und den dabei austretenden Saft auffangen. Die zweite Orange halbieren, Saft auspressen und zusammen mit dem abgetropften Orangensaft, 20 g Zucker und gehackter Orangenschale erhitzen. Um ein Drittel einkochen, dann abkühlen lassen.

3 Die Erdbeeren waschen, putzen und vierteln. Den Frischkäse mit Quark, Sahne, Sahnesteif und übrigem Zucker mit den Schlagbesen des Handrührgerätes locker aufschlagen. 2/3 der geviertelten Erdbeeren unterheben. Die Quarkmasse auf den Cornflakesboden geben und glatt streichen. Im Kühlschrank ca. 1 Stunde durchkühlen lassen.

4 Zum Servieren die Torte mit restlichen Erdbeeren und Orangenfilets belegen und mit Orangensirup beträufeln. Nach Belieben mit Minze und Borkenschokolade garnieren.

Variante Anstelle von Cornflakes können Sie auch Chocoflakes, Crunchys oder Ähnliches verwenden.

* 500 g Erdbeeren
* ½ Zitrone
* 75–100 g Puderzucker

eines Erdbeersorbet

🕐 15 Minuten * Gefrierzeit: 4 Stunden * 6 Portionen

1 Die Erdbeeren waschen, putzen, klein schneiden und fein pürieren.
2 Den Saft der Zitronenhälfte auspressen und mit dem Puderzucker zu den Erdbeeren geben. Alles verrühren, bis sich der Zucker aufgelöst hat.
3 Die Masse in eine Eismaschine füllen und (nach Bedienungsanleitung) gefrieren lassen. Alternativ die Erdbeermasse in eine große, flache Metallschüssel füllen und in das Tiefkühlfach stellen. Nach ca. 2 Stunden die Mischung vom Rand aus mit einem Handrührgerät oder einem Pürierstab durchrühren. Dies 4- bis 5-mal alle 30 Minuten wiederholen, damit keine Eiskristalle entstehen.

Variante Sämiger wird das Sorbet wenn Sie noch ein geschlagenes Eiweiß darunterziehen. In diesem Fall das Sorbet nochmals 20 Minuten anfrieren lassen.

Tipp
* *
Die ungefrorene Masse sollte etwas süßer schmecken als gewünscht, da die Süße im gefrorenen Zustand weniger ausgeprägt ist. Sorbet schmeckt am besten frisch zubereitet. Wenn es hartgefroren ist, sollte man es im Kühlschrank etwa 20 Minuten antauen lassen und anschließend mit dem Pürierstab kurz durchrühren.
* *

- ¼ l frisch gepresster Orangensaft
- 1 EL Zucker
- 300 ml Orangenlikör (z.B. Grand Manier oder Cointreau)
- 1 TL abgeriebene Orangenschale
- 1 TL Speisestärke
- 3 EL Zitronensaft
- 600 g Erdbeeren
- 250 g Sahne
- 1 Päckchen Vanillezucker
- kandierte Veilchenblüten zum Garnieren (nach Belieben)

rdbeeren Romanoff

🕐 25 Minuten ✳ Kühlzeit: 1 Stunde ✳ 4 bis 6 Portionen

1 Den Orangensaft in einem kleinen Topf zum Kochen bringen und um die Hälfte einkochen lassen. Zucker, Orangenlikör und abgeriebene Orangenschale hinzufügen. Die Speisestärke mit dem Zitronensaft glatt verrühren, zur Orangensauce geben und nochmals kurz aufkochen lassen. Den Topf vom Herd nehmen und abkühlen lassen.

2 Die Erdbeeren waschen und putzen. ¾ der Erdbeeren halbieren, restliche Beeren pürieren und mit der Orangensauce mischen. Die halbierten Erdbeeren hinzufügen und mindestens 1 Stunde kühlen, hin und wieder vorsichtig durchrühren.

3 Die Sahne mit dem Vanillezucker steif schlagen. Die Erdbeeren in Gläser füllen und kleine Sahnehäubchen darauf setzen. Mit Veilchenblüten und Erdbeerscheiben garnieren.

»Dieses Dessert wurde 1820 von dem französischen Koch **Antoine Careme**, dem damaligen ›**König der Köche**‹, seiner Zeit **Küchenchef am russischen Zarenhof**, kreiert.«

Waldmeistercreme

🕐 25 Minuten ✳ Kühlzeit: 1 Stunde ✳ 4 Portionen

1 Die Erdbeeren halbieren. Waldmeisterblättchen grob hacken. Die Erdbeeren mit Zitronensaft, 2 EL Zucker und Waldmeister pürieren. Püree und Quark verrühren.

2 Die Gelatine in kaltem Wasser 5 Minuten einweichen. Dann tropfnass in einem kleinen Topf bei milder Hitze unter Rühren auflösen. 4 EL von der Quarkmasse esslöffelweise unter die Gelatine rühren, dann mit einem Schneebesen unter die übrige Quarkmasse rühren. Die Creme abgedeckt in den Kühlschrank stellen.

3 Sobald die Creme zu gelieren beginnt, die Eiweiße mit Salz und übrigem Zucker steif schlagen und unterheben, dann 30 Minuten durchkühlen und servieren.

»**Waldmeister** ist eines von wenigen Kräutern, das sein **volles Aroma** erst **entfaltet**, wenn die **Blätter** schon **leicht angewelkt** sind.«

* 500 g Erdbeeren
* 4 Zweige Waldmeister
* Saft von 1 Zitrone
* 5 EL Zucker
* 250 g Quark (40 % Fett)
* 2 ½ Blatt weiße Gelatine
* 3 sehr frische Eiweiße
* 1 Prise Salz
* Waldmeisterblüten zum Garnieren (nach Belieben)

»Mit dieser **erfrischenden Variante**
des klassischen **Tiramisus** können sie
auf jeder Gartenparty punkten.
Wichtig dabei ist, dass sie nur
wirklich frische Eier verwenden.«

* 1 Vanilleschote
* 4 Zweige Zitronenmelisse
* 750 g Erdbeeren
* 150 ml frisch gepresster Orangensaft
* 1 TL abgeriebene Orangenschale
* 4 EL Zucker
* 5 sehr frische Eigelbe
* 300 g Mascarpone
* 250 g Quark (40 % Fett)
* 200 g Löffelbiskuits

Außerdem
* 1 rechteckige Form (ca. 30 x 20 cm)

Fruchtiges Beerentiramisu

🕐 30 Minuten * Kühlzeit: 2 Stunden * 6 Portionen

1 Die Vanilleschote längs aufschlitzen und das Mark herausschaben. Die Zitronen-melisse abspülen, Blättchen von den Stielen zupfen und fein hacken. Die Erd-beeren waschen und putzen. Einige zum Garnieren zur Seite legen, den Rest in Scheiben schneiden.

2 Den Orangensaft mit Orangenschale, 1 EL Zucker und der ausgeschabten Vanilleschote aufkochen. Vom Herd nehmen und die gehackten Melisseblätt-chen hinzufügen.

3 Die Eigelbe weiß-cremig aufschlagen, dabei nach und nach den übrigen Zucker einrieseln lassen. So lange schlagen, bis der Zucker vollständig gelöst ist. Dann ausgeschabtes Vanillemark, Mascarpone und Quark zur Eigelbmasse geben und noch ca. 2 Minuten weiterschlagen.

4 Die Form mit der Hälfte der Löffelbiskuits auslegen und mit etwas Orangen-sauce beträufeln. Dann die Hälfte der Erdbeeren darauf verteilen und die Hälfte der Mascarponecreme auf den Erdbeeren verstreichen. Darüber eine zweite Lage Löffelbiskuits schichten und fest in die cremige Masse drücken. Biskuits mit übriger Orangensauce beträufeln und mit übrigen Erdbeeren belegen. Dann die zweite Mascarpone-Schicht über den Erdbeeren verstreichen.

5 Das Tiramisu mit Frischhaltefolie abdecken und mindestens 2 Stunden kalt stellen. Zum Servieren mit Erdbeeren garnieren.

* 600 g Erdbeeren
* 1 Vanilleschote
* 2 sehr frische Eigelbe
* 1–2 EL Zucker
* 250 g Mascarpone
* 150 g Sahne

Schneller Mascarponeschaum

🕐 30 Minuten * 4 Portionen

1 Die Erdbeeren waschen, putzen und je nach Größe halbieren oder vierteln. Die Vanilleschote längs aufschneiden und mit einem spitzen Messer das Mark heraus schaben.

2 Die Eigelbe mit dem Vanillemark schaumig schlagen, dabei nach und nach den Zucker einrieseln lassen. So lange weiterschlagen, bis die Masse weiß-cremig ist. Dann Mascarpone und Sahne zugeben. Weiterschlagen, bis die Masse schaumig ist und mit den Erdbeeren sofort servieren.

Variante Lassen Sie die Sahne weg und weichen Sie stattdessen 2 Gelatineblätter in kaltem Wasser ein. Schlagen Sie kaltes Eiweiß mit Zucker zu steifem Schnee und verfahren Sie mit der Creme ansonsten wie oben beschrieben. Lösen Sie die tropfnasse Gelatine in einem Töpfchen auf, rühren Sie sie unter die Creme und stellen Sie diese für kurze Zeit in den Kühlschrank. Dann heben Sie den Eischnee unter.

* 250 g Magerquark
* 120 g Zucker
* 500 g Erdbeeren
* 1 EL Puderzucker
* 2 sehr frische Eiweiße
* 1 Prise Salz
* 1 EL Zitronensaft
* 250 g Sahne
* frische Minzeblättchen zum Garnieren

Luftiger Erdbeerquark

🕐 35 Minuten ＊4 bis 6 Portionen

1 Den Quark in einem Tuch gut ausdrücken und mit 60 g Zucker verrühren.

2 Die Erdbeeren waschen und putzen. Die Hälfte fein pürieren, durch ein Sieb streichen und mit dem Puderzucker verrühren. Die übrigen Erdbeeren klein schneiden (einige zum Dekorieren zurückbehalten).

3 Die Eiweiße mit Salz und Zitronensaft steif schlagen, dabei den übrigen Zucker einrieseln lassen. Die Sahne halb steif schlagen. Eischnee und geschlagene Sahne vorsichtig mit den Erdbeeren unter den Quark heben.

4 Den Erdbeerquark mit Erdbeerpüree, den restlichen Erdbeeren und Minze dekorieren.

Variante Ganz schnell einen traumhaft leckeren Erdbeerquark liefert Ihnen auch dieses Rezept: 1 Becher Sahne, 1 Päckchen Vanillezucker und 1 EL Zucker steif schlagen, 250 g Quark darunterheben. Mit 400 g in Scheiben geschnittenen Erdbeeren und 4 zerkleinerten Baisers in schöne Gläser schichten und mit einer kleinen Erdbeerdekoration servieren.

- 250 g Joghurt
- 3–4 EL Zitronensaft
- 2 TL abgeriebene Zitronenschale
- 1 EL Puderzucker
- 3 Blatt weiße Gelatine
- 1–2 EL Orangenlikör
- 1 sehr frisches Eiweiß
- 3 EL Zucker
- 300 g Sahne
- 500 g Erdbeeren
- frische Minzeblättchen zum Garnieren

Joghurt-Zitronen-Mousse

🕐 30 Minuten ✳ Kühlzeit: 2 Stunden ✳ 6 Portionen

1 Den Joghurt mit Zitronensaft, Zitronenschale und Puderzucker verrühren.

2 Die Gelatine 5 Minuten in kaltem Wasser einweichen. Den Orangenlikör in einem kleinen Topf erwärmen. Die Gelatine ausdrücken und unter Rühren darin auflösen. 4 EL von der Joghurtmasse esslöffelweise mit der Gelatine verrühren, dann die Mischung mit einem Schneebesen unter den Joghurt rühren.

3 Das Eiweiß mit 1 EL Zucker steif schlagen. Die Sahne halb steif schlagen und beides unter die Joghurtmasse heben. Die Mousse in Schälchen füllen und abgedeckt im Kühlschrank in ca. 2 Stunden fest werden lassen.

4 Die Erdbeeren waschen und putzen. Für das Erdbeermark 300 g Erdbeeren grob zerkleinern und mit übrigem Zucker und 1 TL Zitronensaft fein pürieren, dann durch ein feines Sieb streichen. Restliche Erdbeeren in Scheiben schneiden, auf der Joghurtmousse verteilen, Erdbeermark darüberträufeln und mit Minzeblättchen garnieren.

»Diese **Mousse** gehört
zu meinen **Lieblingsdesserts**.«

Variante Anstelle des Orangenlikörs können sie auch Holunderblütensirup verwenden, nehmen sie aber dann etwas weniger Zitronensaft.

Nudelteig

* 80 g feiner Hartweizengrieß
* 80 g Weizenmehl (Type 405)
* 1 Prise Salz
* 1 EL Puderzucker
* 1 Ei
* 1 Eigelb
* 1 EL Sonnenblumenöl

Füllung

* 100 g Erdbeeren
* 30 g Amarettini
* 100 g Marzipanrohmasse
* 2 EL Erdbeerlikör (alternativ Mandellikör, z. B. Amaretto)

Sabayon

* 4 Eigelbe
* 3 EL Zucker
* 4 EL Portwein

Außerdem

* runde Ausstechform (5 cm Durchmesser)
* 1 Eiweiß zum Bestreichen
* Mehl

Ravioli mit Erdbeer-Mandel-Füllung

🕐 1 Stunde * Kühlzeit: 1 Stunde * 4 Portionen

1 Grieß, Mehl, Salz und Puderzucker in einer Schüssel mischen. Ei und Eigelb mit dem Öl untermengen und alles gründlich verarbeiten. Auf der bemehlten Arbeitsfläche kneten, bis die Oberfläche glänzt und der Teig nicht mehr klebt. In Frischhaltefolie wickeln und im Kühlschrank 1 Stunde ruhen lassen.

2 Erdbeeren klein schneiden. Amarettini grob zerkleinern. Marzipan, Likör und Amarettini zu einer geschmeidigen Masse verkneten, dann die Erdbeeren unterarbeiten.

3 Den Nudelteig in zwei Portionen teilen und nacheinander möglichst dünn 12 cm breite Streifen ausrollen, am besten mit einer Nudelmaschine. Die Teigstreifen in der Mitte quer halbieren und auf einer Seite im Abstand von 4–5 cm je 1 TL Erdbeerfüllung setzen. Ringsum dünn mit Eiweiß bestreichen und die andere Teighälfte darüberklappen, andrücken. Ravioli ausstechen und auf einem bemehlten Küchentuch ruhen lassen.

4 Eigelbe mit Zucker in einer Metallschüssel mit dem Mixer leicht schaumig aufschlagen, dabei den Portwein hinzuträufeln. Dann in ein heißes, aber nicht kochendes Wasserbad setzen und schlagen, bis die Masse dickschaumig wird und sich das Volumen verdoppelt. Zum Abkühlen im kalten Wasserbad schlagen.

5 Reichlich Salzwasser kochen und die Ravioli 3–5 Minuten darin garen, dann abtropfen lassen. Mit Sabayon und frischen Erdbeeren servieren.

Teig

* 60 g weiche Butter
* 1 Ei
* abgeriebene Schale von 1 Bio-Zitrone
* 1 Prise Salz
* 500 g Quark (20 % Fett)
* 300 g Mehl

Füllung und Sauce

* 500 g Erdbeeren
* 2 EL Zucker
* 2 EL Zitronensaft
* 1 EL Puderzucker

Brösel

* 80 g Butter
* 100 g Semmelbrösel
* 4 TL Puderzucker

Außerdem

* Mehl

Quarknödel mit Erdbeerfüllung

🕐 45 Minuten ✳ Ruhezeit: 2 Stunden ✳ 4 Portionen

1 Die Butter schaumig rühren. Erst Ei, abgeriebene Zitronenschale und Salz, dann den Quark unterrühren. Das Mehl dazugeben und alles sorgfältig zu einen glatten Teig verarbeiten. Abgedeckt ca. 2 Stunden im Kühlschrank ruhen lassen.

2 Die Erdbeeren waschen und putzen. 16 mittelgroße Erdbeeren im Zucker wälzen. Die übrigen Erdbeeren klein schneiden, pürieren und durch ein feines Sieb streichen. Mit Zitronensaft und Puderzucker verrühren.

3 Den Teig auf einer bemehlten Arbeitsfläche zu einer ca. 5 cm dicken Rolle formen und in 16 Scheiben schneiden. Die Scheiben mit bemehlten Händen etwas flach drücken, je 1 gezuckerte Erdbeere damit umhüllen und gut verschließen. Die Knödel portionsweise in siedendem Salzwasser etwa 10 Minuten ziehen lassen.

4 Die Butter in einer Pfanne schmelzen. Semmelbrösel und Puderzucker mischen, zufügen und goldbraun rösten. Die Knödel mit einer Schaumkelle aus dem Wasser heben, etwas abtropfen lassen und in den Butterbröseln wälzen. Mit dem Erdbeerpüree servieren.

»Nicht nur Kinder **lieben** diese **Quarknödelchen**.«

Grießschnitten

* 300 ml Milch
* 100 g Sahne
* 1 Päckchen Vanillezucker
* 3 EL Zucker
* Salz
* gemahlener Zimt
* etwas abgeriebene Schale von 1 Bio-Orange
* 3 EL Butter
* 3 EL Semmelbrösel

Sauce

* 400 g Erdbeeren
* 2 EL Puderzucker
* 1 EL Zitronensaft

Gebratene Grießschnitten

🕐 40 Minuten ✳ 4 Portionen

1 Die Milch mit Sahne, Vanillezucker, Zucker und je 1 Prise Salz und Zimt in einem Topf aufkochen. Den Grieß unter Rühren hinzugeben. Bei kleiner Hitze etwa 4 Minuten unter ständigem Rühren zu einem dicken Grießbrei kochen. Mit abgeriebener Orangenschale und 1 EL Butter verfeinern.

2 Den Grießbrei auf einem mit Backpapier belegtem Blech ca. 2 cm dick verstreichen. Auskühlen lassen, bis die Masse schnittfest ist.

3 Inzwischen die Erdbeeren waschen, putzen und pürieren. Dann durch ein feines Sieb streichen. Mit Puderzucker und Zitronensaft verrühren.

4 Die Grießmasse in Rauten schneiden und in den Semmelbröseln wälzen. Die übrige Butter in einer kleiner Pfanne schmelzen und die Grießschnitten darin goldbraun braten. Am besten noch heiß mit der Erdbeersauce servieren.

* 500 g Erdbeeren
* 1 Bund frische Minze
* 2 Bio-Limetten
* 2 EL Zucker
* 1 Flasche gut gekühlter Weißwein
* 1 Flasche eiskalter Sekt
* einige Eiswürfel (nach Belieben)

Erdbeer-Minze-Bowle

🕐 10 Minuten * Kühlzeit: 15 Minuten * 2 Liter

1 Die Erdbeeren waschen, putzen und klein würfeln. Minze waschen, trocken tupfen und Blätter abzupfen, grob hacken. Die Limetten heiß abspülen, trocken reiben und in Scheiben schneiden.

2 Die Erdbeeren mit Zucker, Minzeblättchen und Limettenscheiben vorsichtig mischen, in ein Bowlengefäß geben und im Kühlschrank mindestens 15 Minuten durchziehen lassen.

3 Kurz vor dem Servieren die Mischung mit Weißwein und Sekt aufgießen und Eiswürfel zugeben.

Variante Für eine alkoholfreie Variante nehmen Sie an Stelle von Sekt und Weißwein Zitronenlimonade und Mineralwasser, dann aber den Zucker weglassen.

47

* 3–4 Bio-Limetten
* 5 Zweige frische Minze
* 300 ml Holunderblütensirup
* 300 g Erdbeeren
* 1 Flasche gut gekühltes Mineralwasser
* 1 Flasche eiskalter Prosecco
* einige Eiswürfel (nach Belieben)

olunderblüten-Erdbeer-Drink

🕐 12 Minuten ✳ Kühlzeit: 15 Minuten ✳ 2 Liter

1 Die Limetten heiß abspülen, trocken reiben und achteln. Die Minze abspülen, trocken tupfen und die Blättchen von den Stielen zupfen. Minzeblättchen und Limettenachtel in ein großes Bowlegefäß geben. Holunderblütensirup darübergießen. Alles gut mischen und mindestens 15 Minuten im Kühlschrank ziehen lassen.

2 Die Erdbeeren waschen, putzen und klein schneiden. Die Hälfte davon mit einer Gabel leicht zerdrücken und zur Limetten-Sirup-Mischung geben.

3 Die Bowle mit Mineralwasser und Prosecco langsam aufgießen. Das Gefäß dabei schräg halten, damit wenig Kohlensäure entweicht. Eiswürfel dazugeben und servieren.

Tipp

✳✳✳

Hier ein Rezept für selbst gemachten Holunderblütensirup: 25–30 aufgeblühte Holunderblüten, 2 unbehandelte Zitronen in Scheiben, 70 g Zitronensäure (Apotheke), 2 kg feiner Zucker. Die Blüten von den dicken, grünen Stängeln befreien und mit den Zitronenscheiben in eine Schüssel geben, Zitronensäure und 3 l Wasser darübergießen, gut verrühren und 48 Stunden bei Zimmertemperatur ziehen lassen. Durch ein feines Sieb gießen, den Zucker unterrühren und nochmals 48 Stunden ziehen lassen. In Flaschen füllen und kühl aufbewahren.

✳✳✳

Rha

barber

exotisch
soo gesund
liebt Kuchen
lustiger Sauertopf
erfrischend

Teig

* 250 g weiche Butter
* 280 g Puderzucker
* 1 Päckchen Vanillezucker
* 1 Prise Salz
* abgeriebene Schale von ½ Bio-Zitrone
* 5 Eier
* 400 g Mehl
* 1 TL Backpulver
* 125 ml Milch

Streusel

* 200 g Mehl
* 150 g Zucker
* 1 Päckchen Vanillezucker
* 1 Msp. gemahlener Zimt
* 1 Prise Salz
* 150 g kalte Butter

Belag

* 1,2 kg Rhabarber

Außerdem

* Fett für das Blech

Rhabarber-streuselkuchen

🕐 45 Minuten * Backzeit: 1 Stunde * 1 Backblech

1 Für den Teig die Butter mit den Schlagbesen des Handrührgerätes cremig schlagen. Puderzucker, Vanillezucker, Salz und Zitronenschale nach und nach unterrühren. Die Eier nacheinander dazugeben und aufschlagen, bis eine dicke Masse entstanden ist. Das Mehl mit dem Backpulver mischen und abwechselnd mit der Milch unter die Butter-Eier-Mischung rühren.

2 Den Backofen auf 180 °C (Umluft 160 °C) vorheizen. Ein Backblech einfetten und mit Mehl bestäuben. Den Teig darauf glatt verstreichen.

3 Für die Streusel das Mehl in eine Schüssel sieben und mit Zucker, Vanillezucker, Zimt und Salz mischen. Die Butter in Flöckchen dazugeben und mit den Händen zu Streuseln verarbeiten.

4 Den Rhabarber waschen, putzen und die Haut abziehen. Die Stangen in ca. 1 cm große Stücke schneiden und auf dem Teig verteilen. Die Streusel darüberstreuen und den Kuchen im vorgeheizten Ofen (Mitte) 55–60 Minuten backen. Auskühlen lassen.

Teig

* 250 g Mehl
* 1 EL feinster Zucker oder Puderzucker
* 1 Prise Salz
* 125 g kalte Butter
* 2 Eigelbe

Füllung

* 4 Löffelbiskuits
* 700 g Rhabarber
* 20 g Gelierpulver 3:1 (z. B. Dr. Oetker Gelfix Super 3:1)
* 2 EL Zucker

Baiser

* 5 sehr frische Eiweiße
* 1 Prise Salz
* 220 g feinster Zucker

Außerdem

* 1 Tarteform (26 cm Durchmesser)
* Fett für die Form
* Mehl für die Arbeitsfläche
* getrocknete Hülsenfrüchte zum Blindbacken

Rhabarbertarte mit Baiser

🕐 1 Stunde * Kühl- und Backzeit: 100 Minuten * 12 Portionen

1 Mehl, Zucker und Salz mischen. Auf eine Arbeitsplatte häufen und in die Mitte eine Mulde drücken. Die kalte Butter in Flöckchen am Mehlrand verteilen. Eigelbe in die Mulde geben. Alle Zutaten mit den Händen zügig zu Bröseln vermengen, nicht kneten, sonst wird der Teig zäh. Die Brösel fest zusammendrücken, in Frischhaltefolie wickeln und 1 Stunde kalt stellen.

2 Den Backofen auf 190 °C (Umluft 170 °C) vorheizen. Die Form fetten. Den Teig auf der bemehlten Arbeitsfläche ausrollen und die Form damit auslegen, einen Rand hochziehen. Den Teigboden mehrmals mit einer Gabel einstechen. Mit Backpapier und Hülsenfrüchten ca. 15 Minuten blindbacken. Backpapier und Hülsenfrüchte entfernen und den Boden nochmals 15–20 Minuten hellbraun backen. Herausnehmen und abkühlen lassen.

3 Löffelbiskuits grob zerkleinern. Rhabarber klein schneiden und mit 2 EL Wasser 5 Minuten weich dünsten. Gelierpulver mit Zucker mischen, zum Rhabarber geben und unter Rühren 3 Minuten köcheln lassen, vom Herd nehmen.

4 Den Backofengrill vorheizen (oder 200 °C Oberhitze). Eiweiße mit Salz steif schlagen, dabei den Zucker einrieseln lassen. So lange auf höchster Stufe schlagen, bis der Eischnee schnittfest ist. Die Biskuitbrösel auf dem gebackenen Teig verteilen, Rhabarbermasse darauf glatt streichen, Eischnee darauf verstreichen. Die Baiserhaube in wenigen Minuten goldbraun überbacken.

55

Boden

* 6 EL Mehl
* ½ Päckchen Backpulver
* 1 Prise Salz
* 3 Eier
* 6 EL Öl

* 6 EL Milch
* 6 EL Zucker

Füllung

* 6 Blatt weiße Gelatine
* 500 g Rhabarber
* 150 g Zucker
* 6 EL Grenadinesirup
* 500 g Sahne

* 2 EL gehackte Pistazien
* frische Minzeblättchen zum Verzieren
* Puderzucker zum Bestäuben

Außerdem

* 1 Springform (26 cm Durchmesser)
* Fett und Semmelbrösel für die Form

Einfache Rhabarbertorte

🕐 45 Minuten * Back- und Kühlzeit: 3 Stunden * 12 Portionen

1 Den Backofen auf 180 °C (Umluft 160 °C) vorheizen. Die Form fetten und mit Semmelbrösel ausstreuen.

2 Mehl, Backpulver und Salz mischen. Übrige Zutaten hinzufügen und mit den Schlagbesen des Handrührgeräts auf höchster Stufe 2–3 Minuten dickschaumig schlagen. Den Teig in die Form füllen und im Ofen (Mitte) in ca. 20–25 Minuten hellbraun backen, herausnehmen und auskühlen lassen.

3 Die Gelatine ca. 5 Minuten in kaltem Wasser einweichen. Den Rhabarber in ca. 1 cm große Stücke schneiden, mit Zucker und Grenadinesirup bei mittlerer Hitze 5 Minuten köcheln lassen. Dann etwa 12 Rhabarberstücke zum Verzieren herausnehmen. Die übrigen Stücke unter Rühren weitere 5–10 Minuten zu Mus kochen.

4 Die Gelatine ausdrücken und im heißen Rhabarbermus auflösen, gut verrühren. Dann die Rhabarbermasse in eine Schüssel füllen und kalt stellen. Sobald die Rhabarbermasse zu gelieren beginnt, die Sahne steif schlagen und unterheben.

5 Einen Tortenring um den Tortenboden legen. Die Rhabarbercreme auf dem Boden glatt verstreichen. Die Torte im Kühlschrank 2–3 Stunden fest werden lassen. Zum Servieren mit den übrigen Rhabarberstückchen, gehackten Pistazien und Minzeblättchen verzieren. Mit Puderzucker bestäuben.

»Dieser **Tortenboden** ist ein kleiner **Geheimtipp:** Er ist **schnell gemacht**, braucht keine Küchenwaage und **schmeckt wunderbar**.«

- * 4 Zweige Waldmeister
- * 500 g Rhabarber
- * 160 g Zucker
- * 4 EL Grenadinesirup
- * 2 EL Zitronensaft
- * 250 g Erdbeeren
- * einige Waldmeisterblüten (nach Belieben)

Erdbeer-Rhabarber-Kompott

🕐 20 Minuten ✳ Kühlzeit: 30 Minuten ✳ 4 Portionen

1 Den Waldmeister abspülen, trocken tupfen und die Blättchen abzupfen. Den Rhabarber waschen, putzen und quer in 1 cm große Stücke schneiden.

2 Den Rhabarber mit Zucker, Grenadinesirup, Zitronensaft und 6 EL Wasser in einen Topf geben und bei mittlerer Hitze bissfest garen. Dann den Topf vom Herd nehmen, die Waldmeisterblättchen zugeben und das Kompott auskühlen lassen.

3 Die Erdbeeren waschen, putzen und in Scheiben schneiden, unter den Rhabarber rühren. Das Kompott im Kühlschrank gut durchkühlen lassen und nach Belieben mit Waldmeisterblüten garniert servieren.

Tipp

****

Waldmeister kommt in Laub- und Mischwäldern vor. Er blüht im Mai und Juni. Nach dem Pflücken sollte er möglichst zügig im Schatten zum Trocknen ausgelegt werden. Man sollte darauf achten, dass sich keine braunen Verfärbungen bilden. Das getrocknete Kraut in dunklen und gut verschlossenen Behältnissen aufbewahren.

****

* ½ Vanilleschote
* 400 ml Milch
* 70 g Zucker
* 1 Prise Salz
* ½ Zimtstange
* 150 g Rundkornreis
* 1 TL abgeriebene Zitronenschale
* 150 g Joghurt
* 250 g Rhabarber
* 300 g frische Himbeeren
* 1 EL Zitronensaft

Außerdem
* 1 flache feuerfeste Form

Vanillemilchreis mit Rhabarber

🕐 40 Minuten * 4 Portionen

1 Die Vanilleschote längs halbieren und das Mark mit einem kleinen Messer herausschaben.

2 Die Milch in einem Topf mit 50 g Zucker, Salz, Zimt, Vanillemark und -schote zum Kochen bringen. Den Reis einrühren und bei schwacher Hitze ca. 20 Minuten quellen lassen. Dabei ab und zu umrühren. Dann vom Herd nehmen, Vanille- und Zimtstange entfernen. Mit abgeriebener Zitronenschale abschmecken und abkühlen lassen. Dann den Joghurt unterrühren.

3 Den Backofen auf 120 °C (Umluft 100 °C) vorheizen. Den Rhabarber waschen, putzen und in 3 cm große Stücke schneiden. Die Himbeeren vorsichtig putzen. 150 g Himbeeren durch ein feines Sieb streichen.

4 Den Rhabarber mit übrigem Zucker, Zitronensaft und Himbeersauce mischen. In die Form füllen und im heißen Ofen (Mitte) ca. 10–15 Minuten garen. Herausnehmen und abkühlen lassen.

5 Zum Servieren den Joghurt-Milchreis mit Rhabarberkompott und übrigen Himbeeren in Gläser schichten.

Teig

* 250 g mehlig kochende Kartoffeln
* Salz
* 300 g Magerquark
* 1 EL weiche Butter
* 1 Päckchen Vanillezucker
* 1 Eigelb
* 30 g Speisestärke

Füllung

* 400 g Rhabarber
* 6 EL Grenadinesirup
* 3 EL Gelierzucker 3:1

Brösel

* 100 g Butter
* 100 g Semmelbrösel
* 2 EL Puderzucker
* 1 TL Zimtpulver

Gefüllte Zimttascherl

🕐 1,5 Stunden * 4 Portionen

1 Kartoffeln mit Schale in 25 Minuten weich garen. Den Quark in einem nassen Tuch gut ausdrücken (er soll möglichst trocken sein).

2 Die Kartoffeln ausdämpfen lassen, pellen und durch eine Kartoffelpresse drücken. Mit Quark, Butter, Vanillezucker, Eigelb, Speisestärke und 1 Prise Salz verrühren. Mit Frischhaltefolie bedeckt ruhen lassen.

3 Rhabarber in 1–2 cm große Stücke schneiden. Mit Grenadinesirup und Gelierzucker mischen und unter Rühren 5–10 Minuten zu einem dicken Mus einkochen. Abkühlen lassen.

4 Die Butter in einer Pfanne schmelzen. Semmelbrösel und Puderzucker einstreuen und unter Rühren goldbraun rösten. Den Zimt hinzugeben und kurz mitrösten. Dann die Bröselmischung auf einen großen Teller geben. Abkühlen lassen.

5 Aus dem Kartoffelteig etwa golfballgroße Kugeln formen. Die Kugeln jeweils zwischen zwei mit Wasser benetzten Frischhaltefolien zu einem 8–10 cm großen Kreis flach drücken. Mit je 1 TL Rhabarbermus füllen, zu Halbmonden zusammenklappen und die Ränder gut zusammendrücken. Übriges Rhabarbermus mit 4 EL Wasser zu einer Sauce verrühren, beiseite stellen.

6 Die Rhabarbertascherl in siedendem, leicht gesalzenem Wasser in ca. 5 Minuten gar ziehen lassen. Gut abtropfen lassen und in den Zimtbröseln wenden, sofort mit Rhabarbersauce und übrigen Zimtbröseln servieren.

»Fruchtig-säuerliche Rhabarberschorle
ist das neue **Kultgetränk.«**

Rhabarbersaft

🕐 30 Minuten ✳ 700 ml

1 Den Rhabarber in 2 cm große Stücke schneiden. Mit 200 ml Wasser zum Kochen
   bringen. Bei schwacher Hitze in etwa 15 Minuten zu einem weichen Mus kochen.
   Durch ein Passiertuch oder ein Haarsieb passieren und den Saft auffangen.

2 Den Rhabarbersaft zurück in den Topf geben und mit Zucker kurz aufkochen, dann
   abkühlen lassen. Die Limette in dünne Scheiben schneiden.

3 Den Saft am besten gut gekühlt mit Limettenscheiben, Minzeblättchen und Eis-
   würfeln servieren. Alternativ mit gut gekühltem Sekt oder Mineralwasser aufgießen.

Tipp

Wenn Sie den Rhabarbersaft länger lagern wollen, füllen Sie ihn nach dem Erhitzen in heiß ausgespülte Flaschen und schließen Sie diese sofort. Kühl aufbewahrt hält der Saft dann mehrere Wochen.

- 1 kg Rhabarber
- 100 g Zucker
- 1 Bio-Limette
- frische Minzeblättchen und Eiswürfel zum Servieren
- gut gekühlter Sekt oder Mineralwasser (nach Belieben)

65

Kompott
- * 500 g Rhabarber
- * 120 g Zucker
- * 100 ml Holunderblütensirup
- * 1 TL Speisestärke

Schmarrn
- * 5 Eier
- * 200 g Quark (20 % Fett)
- * 200 g Sahne
- * 1 EL zerlassene Butter
- * 2 EL Weichweizengrieß
- * 1 EL Mehl

- * 1 TL abgeriebene Zitronenschale
- * 1 Päckchen Vanillezucker
- * Salz
- * 1 EL Puderzucker
- * 50 g Zucker
- * 1 EL Butter

Topfenschmarrn mit Kompott

🕐 45 Minuten * Backzeit: 1 Stunde * 1 Backblech

1 Den Rhabarber waschen, putzen und in 3 cm große Stücke schneiden. Die Stücke mit Zucker und Sirup in einen Topf geben und bei mittlerer Hitze 3–5 Minuten unter Rühren bissfest garen. Die Speisestärke mit 1 EL kaltem Wasser verrühren und unter das Rhabarberkompott rühren. Kurz aufkochen, vom Herd nehmen.

2 Die Eier trennen. Eigelbe mit Quark, Sahne, Butter, Grieß, Mehl, Zitronenschale und Vanillezucker gut verrühren. Die Eiweiße mit einer 1 Prise Salz und Puderzucker steif schlagen. Unter die Quarkmasse heben.

3 Den Backofen auf 200 °C (Umluft 180 °C) vorheizen. In einer großen feuerfesten Pfanne den Zucker bei mittlerer Hitze hellbraun karamellisieren. Die Pfanne vom Herd nehmen und die Butter darin schmelzen. Dann die Topfenmasse in die Pfanne geben, glatt verstreichen und im heißen Backofen (Mitte) ca. 15 Minuten goldbraun backen. Den Topfenschmarrn herausnehmen und in grobe Stücke zerteilen. Mit dem Rhabarberkompott servieren.

Tipp

****

Als Faustregel gilt, dass Rhabarber erst ab Mitte Juli geschält werden muss, da später Rhabarber mehr Oxalsäure in der Schale enthält, vorher ist es nur nötig, wenn Sie sehr viel Rhabarber essen.

****

67

Chutney
* 1 TL gelbe Senfsamen
* 1 Zwiebel
* 400 g Rhabarber
* 3 EL Pflanzenöl
* 80 g Zucker
* 3 EL Rotweinessig
* 1–2 TL eingelegte grüne Pfefferkörner

Toast
* 1 Baguette
* 3 Zweige frischer Rosmarin
* 250 g Ziegenweichkäse (Ziegenrolle, z. B. von Sainte Maure)
* 250 g Blauschimmelkäse (z. B. Bavaria blu oder Cambozola)

Käsebaguette mit Rhabarber-Chutney

🕐 70 Minuten * 4 Portionen

1 Die Senfsamen in einer Pfanne unter Rühren 1 Minute rösten, bis sie duften. Die Samen herausnehmen und abkühlen lassen.

2 Die Zwiebel schälen und in feine Würfel schneiden. Den Rhabarber waschen, putzen und in 1 cm breite Stücke schneiden.

3 Das Öl in einem Topf erhitzen und die Zwiebelwürfel darin glasig anbraten. Rhabarberstücke, Zucker und Essig zugeben und zugedeckt unter gelegentlichem Rühren bei mittlerer Hitze erhitzen. Sobald sich der Zucker gelöst und der Rhabarber Flüssigkeit abgegeben hat, geröstete Senfkörner und grüne Pfefferkörner zugeben. Unter gelegentlichem Rühren bei mittlerer Hitze offen ca. 20 Minuten dicklich einkochen lassen.

4 Den Backofengrill vorheizen. Das Baguette und den Käse in Scheiben schneiden. Die Baguettescheiben auf ein Backblech legen und unter dem Grill von beiden Seiten goldbraun rösten. Das Blech herausnehmen und die Baguettescheiben mit etwas frischem Rosmarin und Käse belegen, unter dem Grill 3–4 Minuten hellbraun überbacken und mit dem Rhabarber-Chutney servieren.

* 400 g Rhabarber
* 1 kleiner Kopf Rotkohl (ca. 650 g)
* 2 EL Puderzucker
* 200 ml roter Portwein
* ½ Zimtstange
* 5 Wacholderbeeren
* 2 Nelken
* Salz
* Pfeffer
* 2 Entenbrüste (je ca. 240 g)
* 1 EL Öl

Entenbrust auf Rhabarber-Rotkohl

🕐 2,5 Stunden * 4 Portionen

1. Rhabarber in 3 cm große Stücke schneiden. Vom Rotkohl die äußeren Blätter entfernen, den Kopf vierteln und den Strunk herausschneiden. Den Rotkohl in feine Streifen schneiden. Den Puderzucker bei kleiner Hitze hellbraun karamellisieren. Den Portwein vorsichtig zugießen und aufkochen lassen. Den Rotkohl zufügen und bei kleiner Hitze ca. 1,5 Stunden zugedeckt schmoren lassen, dabei gelegentlich umrühren. Etwa 10 Minuten vor Ende der Garzeit Gewürze und Rhabarber zugeben. Mit Salz und Pfeffer würzen.

2. Den Backofen auf 80 °C (Umluft 60 °C) vorheizen. Die Entenbrüste waschen und trocken tupfen, wenn nötig Sehnen entfernen. Die Haut einritzen, dabei nicht ins Fleisch schneiden.

3. Öl in einer Pfanne erhitzen. Die Entenbrüste mit der Haut nach unten bei geringer Hitze 8–10 Minuten goldbraun braten. Dann wenden und auf der Fleischseite bei hoher Hitze 1–2 Minuten scharf anbraten. Dann die Entenbrüste mit der Hautseite nach oben auf den Backofenrost legen und ca. 45 Minuten garen. Austretendes Fett in einer Fettpfanne auffangen.

4. Kurz vor Ende der Garzeit die Entenbrüste unter dem heißen Backofengrill in ca. 3 Minuten knusprig grillen. Aus dem Ofen nehmen und 2–3 Minuten ruhen lassen. Vom Entenfett nach Belieben 1–2 EL zum Rotkohl geben. Die Entenbrüste mit Rotkohl servieren. Dazu passen Rösti.

- * 5 Wacholderbeeren
- * 6 schwarze Pfefferkörner
- * 5 Pimentkörner
- * 3 Zweige frischer Thymian
- * 400 g Rhabarber
- * ³⁄₈ l Portwein
- * 1 EL Zucker
- * 1 Zwiebel

- * 2 Möhren
- * 60 g Staudensellerie
- * 3 EL Öl
- * 4 Rinderbacken (à 250 g, beim Metzger vorbestellen)
- * Salz
- * 1 EL Tomatenmark
- * 1 l Rinderbrühe

Rinderbackerl in Portweinsauce

🕑 30 Minuten * Schmorzeit: 3,5 Stunden * 4 Portionen

1 Die Gewürze in einem Mörser grob zerstoßen. Die Thymianzweige waschen und trocken tupfen. Den Rhabarber waschen, putzen und in 3 cm große Stücke schneiden. Den Portwein mit Zucker in einem Topf erhitzen. Die Rhabarberstücke zugeben und in ca. 5 Minuten bissfest dünsten. Vom Herd nehmen und einige Rhabarberstücke herausnehmen und zur Seite legen.

2 Die Zwiebel abziehen und fein würfeln. Die Möhren putzen, schälen und fein würfeln. Sellerie putzen, waschen und fein würfeln.

3 Das Öl in einem Topf erhitzen und die Rinderbacken darin bei mittlerer Hitze rundherum anbraten, dabei salzen. Das Gemüse zugeben und unter häufigem Rühren mitbraten, bis es Farbe angenommen hat. Dann das Tomatenmark zugeben und dunkelrot anrösten. Die Brühe zugießen und das Fleisch bei schwacher Hitze (knapp unter dem Siedepunkt) etwa 3,5 Stunden schmoren, bis es weich ist. Kurz vor Ende der Garzeit das Rhabarberkompott, die Gewürze und die Thymianzweige hinzufügen und kurz mitgaren.

4 Das Fleisch aus dem Topf nehmen und warm stellen. Die Sauce durch ein Sieb passieren und mit Salz und Pfeffer abschmecken. Das Fleisch in Scheiben schneiden, mit der Sauce und den übrigen Rhabarberstückchen servieren. Dazu passen Spätzle.

Rezeptregister

ISBN: 978-3-572-08041-0

© 2012 by Bassermann Inspiration, einem Unternehmen der Verlagsgruppe Random House GmbH, 81673 München

Umschlaggestaltung: Atelier Versen, Bad Aibling
Layout: Katharina Schweissguth, Visuelle Kommunikation, München
Herstellung: Elke Cramer
Bildredaktion: Martina Fuchs
Projektleitung: Anja Halveland

Die Ratschläge in diesem Buch sind vom Autor und vom Verlag sorgfältig erwogen und geprüft, dennoch kann eine Garantie nicht übernommen werden. Eine Haftung des Autors bzw. des Verlags und seiner Beauftragten für Personen-, Sach- und Vermögensschäden ist ausgeschlossen.

Satz: Nadine Thiel | kreativsatz, Baldham
Reproduktion: Regg Media GmbH, München
Druck und Verarbeitung: Mohn media Mohndruck GmbH, Gütersloh

Printed in Germany

Verlagsgruppe Random House FSC-DEU-0100
Das für diesen Titel verwendete FSC®-zertifizierte Papier *Magno satin* wurde produziert von Sappi Gratkorn.

817 2635 4453 6271

Verlockende
Rezepte

80 Seiten, vierfarbig, gebunden
ISBN 978-3-572-08040-3

Vom gleichen Autor: Karl Newedel, Profikoch und Food-Fotograf, hat die verlo-
ckenden Rezepte für dieses Gemüse entwickelt. Seine Kompositionen, zum Beispiel
die pikanten Spargelknödel und das feurig-zarte Spargelcurry, sind purer Genuss.

Überall erhältlich, wo es Bücher gibt.

www.bassermann-verlag.de